改訂版

NEW
マーク・記号の大百科

6

環境や
福祉、
防災

©PIXTA

VEGETABLE OIL INK

間伐は みどりを育てる 深呼吸

g

FRP船 リサイクル

EV QUICK CHARGING POINT

エコレールマーク

CO_2

この本を読むみなさんへ

太田幸夫

　私たちの身の回りには、たくさんのマーク・記号があります。家にある電気製品、学校で使う文房具やコンピュータ、図書館にある本、駅にある案内表示、街にある自動販売機や道路標識など、さまざまなマーク・記号が思いうかぶでしょう。

　マーク・記号は、「色や形で意味を表すしるし」です。そして、それを目にした人に、何らかの意味を伝えるという役割を持っています。人に何かを伝えることを、コミュニケーションといいます。コミュニケーションの道具として、まず思いうかぶのは、ことばや文字かもしれません。ことばや文字も広い意味では、マーク・記号にふくまれますが、ことばや文字だけでは、伝えたいことがじゅうぶんに伝わらないこともあります。ことばの通じない外国人や文字の読めない小さい子とコミュニケーションをとることを想像すればわかるでしょう。そんなときに、見ただけで意味をイメージできる、ことばや文字以外のマーク・記号が大きな役割をはたします。

　このシリーズ、『改訂版　NEWマーク・記号の大百科』では、身の回りにあるマーク・記号を取り上げ、その意味や成り立ち、役割などを説明しています。この本を読むことで、マーク・記号についての知識を深めるとともに、マーク・記号が持つ大きな可能性に気づいてもらえればと思っています。

　現代は、国際化が進み、さまざまな国の人たちとの交流がさかんです。また、地球環境を守ることにも関心が高まっています。いっぽうで、大地震や津波などの災害も心配されています。じつは、マーク・記号は、こうしたこととも深い関わりを持っています。まさに現代は、マーク・記号がなくてはならない時代だといえるでしょう。このシリーズの「NEW」には、たんに「新しい」という意味だけでなく、「時代が求めることに対応している」という意味がこめられているのです。

認知症 supporter

caravan

補助犬同伴可
盲導犬・介助犬・聴導犬

AED

このシリーズの使い方

『改訂版　NEWマーク・記号の大百科』では、巻ごとにテーマを決め、そのテーマに関するマーク・記号を取り上げています。マーク・記号の意味や成り立ち、役割を説明するとともに、使われている製品などの写真をのせています。身の回りのマークや記号について調べる際の参考にしてください。どのページにどんなマーク・記号がのっているかを調べるときは、もくじやさくいんをひいてみましょう。

注意

●マーク・記号は、法律で定められているもの、JIS（日本産業規格）やISO（国際標準化機構）の規格があるもの、業界の団体や企業が独自につくっているものなどがあります。ここでは、できるだけ、マーク・記号の制定者・団体が定めたものを紹介しています。

●マーク・記号の名前は、原則として正式名称にしています。

●印刷用インクの関係で、指定されている色と少しちがう色になっているマーク・記号があります。

●色の決まりのないものは、独自につけている場合があります。

●JISの規格があるマーク・記号は、そのことがわかるように表示しています。

※本書は、『NEWマーク・記号の大百科』（2016年刊）を改訂したものです。
※特に断りのない場合は、2020年1月現在の情報に基づいています。

持続可能な社会を目指すSDGs

貧困、飢餓、環境、不平等など、世界にはさまざまな問題があります。私たちは、こうした問題をふまえ、「地球環境が保全され、将来の人々が必要とするものを損なわずに開発が進む社会」を目指します。このような社会を「持続可能な社会」といいます。持続可能な社会を実現するための開発目標として定められたのがSDGsです。2016年から2030年までの国際目標として、2015年の国連サミットで採択されました。

SDGsの17の目標とそのアイコン

SDGsでは、持続可能な世界を実現するための17のゴール（目標）がかかげられ、それぞれのアイコンがつくられています。17の目標は、おたがいに関連しています。異常気象が農業生産に影響し、貧困につながるように、あらゆる問題がつながっているからです。

すべての国も、地球に暮らす一人ひとりも、取り組んでいかなければならない目標です。

SUSTAINABLE DEVELOPMENT GOALS

⬆SDGsのロゴ
英語で「持続可能な開発目標」ということばが書かれている。

1 貧困をなくそう
あらゆる場所で、あらゆる形態の貧困に終止符を打つ
2 飢餓をゼロに
飢餓に終止符を打ち、食料の安定確保と栄養状態の改善を達成するとともに、持続可能な農業を推進する
3 すべての人に健康と福祉を
あらゆる年齢のすべての人々の健康的な生活を確保し、福祉を推進する
4 質の高い教育をみんなに
すべての人々に包摂的かつ公平で質の高い教育を提供し、生涯学習の機会を促進する
5 ジェンダー平等を実現しよう
ジェンダーの平等を達成し、すべての女性と女児のエンパワーメントを図る
6 安全な水とトイレを世界中に
すべての人に水と衛生へのアクセスと持続可能な管理を確保する
7 エネルギーをみんなに そしてクリーンに
すべての人々に手ごろで信頼でき、持続可能なエネルギーへのアクセスを確保する
8 働きがいも経済成長も
すべての人のための持続的な経済成長、生産的な完全雇用など（働きがいのある人間らしい仕事）を推進する

SDGsの17の目標のアイコン
それぞれの目標ごとに色分けされている。

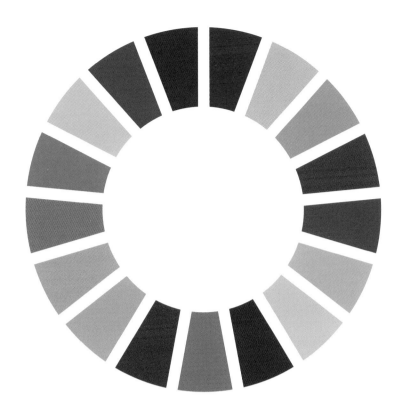

SDGsのカラーホイールのバッジを、えりにつける。

SDGsのカラーホイールのステッカー。

⬆SDGsのカラーホイール

17の目標をデザインした輪(ホイール)のアイコン。

9 産業と技術革新の基盤をつくろう
強いインフラを整備し、持続可能な産業化を推進するとともに、技術革新の拡大を図る

10 人や国の不平等をなくそう
国内および国家間の格差を是正する

11 住み続けられるまちづくりを
都市と人間の居住地を包摂的、安全、強靭かつ持続可能にする

12 つくる責任 つかう責任
持続可能な消費と生産のパターンを確保する

13 気候変動に具体的な対策を
気候変動とその影響に立ち向かうため、緊急対策を取る

14 海の豊かさを守ろう
海洋と海洋資源を持続可能な開発に向けて保全し、持続可能な形で利用する

15 陸の豊かさも守ろう
陸上生態系の保護、回復および持続可能な利用の推進、森林の持続可能な管理、生物多様性損失の阻止を図るなど

16 平和と公正をすべての人に
平和な社会を推進し、すべての人に司法へのアクセスを提供し、効果的で責任ある制度をつくる

17 パートナーシップで目標を達成しよう
持続可能な開発に向けて実施手段を強化し、グローバル・パートナーシップを活性化する

環境のマークや記号

ごみの分別をして、資源を大切に使うことや地球温暖化の原因になる二酸化炭素を減らす取り組みなど、環境問題に対して、さまざまな取り組みが行われています。このような動きの中で、環境を守る取り組みに関するマークがたくさんつくられています。

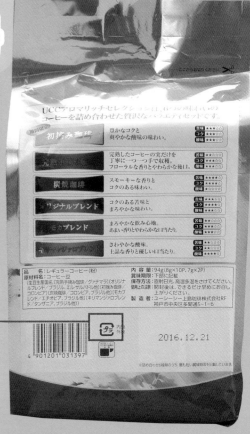

ごみの分別に便利なマーク

原料がプラスチックであることを示すマークのついた商品。写真は内ぶくろと外ぶくろがプラスチックでできていることを示している。ごみを分別するときの目印となる。

内袋
外袋

R100
古紙パルプ配合率100%
白色度70%再生紙使用

ちきゅうにやさしい
古紙パルプ配合率100%
リサイクル容易な剥離紙を使用
エコマーク認定番号 第05112542号

リサイクル製品のマーク

古紙を使った製品であることを示すマークのついた文房具。森林を保護し、地球環境を守る取り組みをしている商品であることがわかる。

資源を守るための工夫を表すマーク

適切に管理された森林からできた木材を使っていることを示すマークのついたジュースのパッケージ。資源を守ることに取り組む企業としての姿勢を示している。

FSC
ミックス
ボード
FSC® C014047

分別のためのマーク

コンビニエンスストアの前や駅などにあるごみ箱は、ごみを入れる口がいくつかに分かれています。これは、資源として再利用できるものを分けるためです。また、スーパーマーケットなどには、資源を再利用するための回収ボックスが種類ごとに置かれています。どちらもごみをどこに入れたらいいかわかりやすいように、絵をもとにしたマークがついています。

新聞・雑誌

©PIXTA

ごみの分別を表すマーク

ごみを、新聞・雑誌(紙)、びん・缶(ガラスや鉄、アルミニウム)、ペットボトル(プラスチック)、その他に分けて入れるよう、ごみ箱にマークがついています。

→ごみを4種類に分けて入れるごみ箱。透明で中が見えるので、分別して入れようとする意識が高まる。

その他のごみ

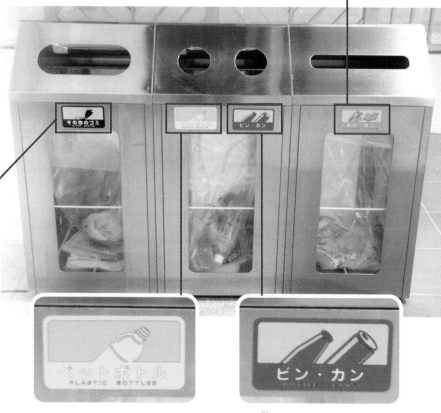

ペットボトル

びん・缶

イオンモール

リサイクルするごみの分別を表すマーク

この回収ボックスは、リサイクルするごみごとに入れるところがわかるよう、マークで示されています。

↓食品トレー、アルミ缶、ペットボトルを入れるところをマークで示す、スーパーマーケットなどにある回収ボックス。

ごみの分別に便利なマーク

私たちがごみとして捨てるものの中には、資源として再利用ができる素材でつくられたものもあります。プラスチックや鉄、アルミニウム、紙などです。これらは正しく分別することによってリサイクルされ、資源やエネルギーを大切に使うことができます。分別をわかりやすくするために、マークがつけられています。

➡統一美化マーク

アメリカのビール協会のマークのデザインを日本向けに変更したもの。自動販売機、ごみ箱などに、広く使われている。

公益社団法人食品容器環境美化協会

プラスチック容器包装を分別する識別マーク

プラスチック製容器包装には、リサイクルを進めるために、法律で決められた識別マーク（法定識別マーク）がついています。

スリーブ（ケース）がプラスチックと紙でできていることがわかる。

ラベルに容器がプラスチックであることを示すマークがついている。

⬆プラスチック製容器包装のマーク

飲料、しょうゆ、酒類、一部の調味料、乳飲料の用途以外のペットボトル、その他のプラスチック製ボトルや容器包装についている。

プラスチック容器包装リサイクル推進協議会

⬆ペットボトルのマーク

資源有効利用促進法に基づいて、飲料、しょうゆ、酒類、乳飲料を入れるペットボトルにつけられている。

PETボトルリサイクル推進協議会

缶を識別するマーク

飲料・酒類のアルミ缶やスチール缶にも、識別マークがつけられています。

←スチール缶のマーク

お茶やコーヒーなどの飲み物の缶についている。スチール缶は建築資材などになる。

公益社団法人食品容器環境美化協会

↑一般缶材質表示マーク

全日本一般缶工業団体連合会の会員会社の製品についている。

全日本一般缶工業団体連合会

↑18リットル缶リサイクル推進マーク

18リットル缶や同じサイズの缶についている。

全国18リットル缶工業組合連合会

アルミニウム缶であることを示すマークが、裏側についている。

↑アルミ缶のマーク

多くはジュースなどの飲み物の缶についている。回収されたアルミ缶は、何度でもアルミ缶にリサイクルできる。

公益社団法人食品容器環境美化協会

電池を識別するマーク

電池の種類を示すマークが電池の本体についている。

↑小形充電式電池用リサイクルマーク

携帯電話などの充電式電池を分別し、リサイクルするためのマーク。「Ni-Cd」などの文字は、電池の種類を表している。

一般社団法人電池工業会

紙製の容器や包装を識別するマーク

紙のパックや包装などにつけられているマークもあります。

←紙製容器包装のマーク

アルミニウム不使用の飲料用紙パックと段ボール製の容器包装をのぞいた、紙製の容器包装についている。

紙製容器包装リサイクル推進協議会

缶やペットボトルの飲み物を入れる段ボールのケース。箱にリサイクルできることがわかるマークが表示されている。

↑段ボールリサイクルのための識別マーク

世界共通のマーク。リサイクルができる段ボールについている。

牛乳などの紙パックに表示されていることが多い。

↑飲料用紙容器識別表示マーク

アルミニウムを使っていない飲み物用の紙パックについている。

飲料用紙容器リサイクル協議会

ごみを減らすことを呼びかけるマーク

英語のR（Reduce:ごみの量を減らそう・Reuse:くり返し使おう・Recycle:資源として活かそう）をモチーフとした3つの図形が、一歩をふみ出し、前進するさまを表したマーク。オレンジ色は人間、緑は大地、青は空を表現しています。

3Rキャンペーンマーク

リデュース・リユース・リサイクル推進協議会

資源を大切に使うためのマーク

分別収集されたペットボトルやびん・缶、紙などは、リサイクルされて新しい製品になります。リサイクルされてできた製品には、そのことを示すマークがついています。マークをつけることでリサイクルへの意識が高まり、より多くの資源がリサイクルされることにつながります。

リサイクルされた製品のマーク

古紙や牛乳パック、ペットボトルなどをリサイクルしてつくった製品であることを示すマークです。

牛乳パックを再利用してつくられたトイレットペーパー。包装にマークがついている。

ノートやトイレットペーパーのほか、テープの巻きしんにもグリーンマークがついている。

↑再生紙使用マーク（Rマーク）

古紙を利用した紙製事務用品や印刷物などにつけられる。数字は古紙が配合されている割合を表す。

3R活動推進フォーラム

↑グリーンマーク

古紙を原則40%以上利用してつくられた製品につけられる。

公益財団法人古紙再生促進センター

↑牛乳パック再利用マーク

使用ずみの牛乳パックを利用した商品につけられるマーク。

全国牛乳パックの再利用を考える連絡会

↑ペットハンズシール

ペットボトル再生綿を50%以上使用した作業用手ぶくろなどについている。

日本作業手袋工業組合連合会

↑PETボトルリサイクル推奨マーク

使用ずみペットボトルのリサイクル品を利用した商品を表す。

PETボトル協議会

↑日被連エコ・ユニフォームマーク

＊ペットボトルなどをリサイクルし、つくられる繊維

使われている再生ポリエステル繊維＊の比率が基準を満たしている制服・作業服につけられる。

ECO UNIFORM

日本被服工業組合連合会

写真はドリンク用びん。飲み物関係のびんなどについている。

↑エコロジーボトルのシンボルマーク

カレット（空きびんを細かくくだいたもの）を90%以上使用してつくられたガラスびんにつけられる。

日本ガラスびん協会

↑E&Qマーク

プリンターのトナーカートリッジがリサイクル製品であり、品質が維持されていることを示すマーク。

一般社団法人日本カートリッジリサイクル工業会

食品リサイクル
FOOD RECYCLE

↑食品リサイクル堆肥・同使用製品識別マーク

食品廃棄物などを有効利用した肥料や、その肥料で生産した農産物につけられるマーク。

一般財団法人日本土壌協会

適切にリユース・リサイクルされる製品のマーク

使い終わったあと、リユースやリサイクルが適切にされることを示します。

パソコンについているPCリサイクルマーク。

↑PCグリーンラベル

環境に配慮した設計や製造、使用後もリユース・リサイクル処理が適正にされるパソコンについている。

一般社団法人パソコン3R推進協会

↑PCリサイクルマーク

家庭向けパソコンについている。パソコンを適切に再び資源にするための処理にかかる費用を、メーカーが負担するパソコンであることを示す。

一般社団法人パソコン3R推進協会

リサイクルできるものを回収する施設のマーク

リサイクルのために製品を回収する施設であることを示します。

↑モバイル・リサイクル・ネットワークマーク

携帯電話、PHSなどを回収している販売店であることを示す。

一般社団法人電気通信事業者協会
一般社団法人情報通信ネットワーク産業協会

モバイル・リサイクル・ネットワーク
携帯電話・PHSのリサイクルにご協力を。

↑小型家電リサイクルマーク

使用ずみの小型家電を回収する場所(市町村が設置)、またはリサイクルする認定事業者であること示す。

環境省

↑リサイクル品回収施設のマーク

リサイクル品を回収する設備や施設を表す。

公益財団法人交通エコロジー・モビリティ財団

↑二輪車リサイクルマーク

乗らなくなり再資源化を行う二輪車をあつかう店を示す。

公益財団法人自動車リサイクル促進センター

↑FRP船リサイクルシステムマーク

FRP船はセメントの原料や燃料としてリサイクルできる。再利用をすることで不法投棄も防げる。

一般社団法人日本マリン事業協会

リユースを考えたびん

ガラスびんの中には、原料にもどしてリサイクルされるのではなく、きれいに洗ってそのまま再利用されているものもあります。このような再利用のしかたは、リユースと呼ばれます。ガラスびんには、リユースできることを示すマークがついているものがあります。

リターナブルびんマーク

日本ガラスびん協会が規格を統一したリターナブルびん(返却・回収が可能なびん)についている。何度もくり返し使えるガラスびんであることを示す。

日本ガラスびん協会

資源を守るための工夫を表すマーク

リサイクル以外にも、資源を大切にするための工夫がされています。新しい素材を開発して木材に代えることができれば、森林を守ることができます。また、以前より少ないエネルギーで使える省エネ型の家電製品などを開発できれば、燃料となる資源を守ることになります。そのことを表すマークもあります。

新開発の材質などで資源を守ることを示すマーク

木材以外のものを原料にした紙は何種類もあります。また、環境のことを考えたプラスチックやインクなども開発されています。

間伐材マークがついている紙製飲料容器のカートン。

♻非木材紙マーク
草などの非木材資源を重量比で10%以上使った紙・紙製品に使用されている。
NPO法人非木材グリーン協会

♻ケナフマーク
木材でなくケナフ(麻の一種)を使用した紙製品などにつけられる。
特定非営利活動法人ケナフ協議会

♻FSC®認証マーク
適切に管理された森林から生産された木材を使った製品につけられる。
Forest Stewardship Council™

♻間伐材マーク
木を健康に育てるために、途中できられる木材(間伐材)を使った製品についている。
間伐材マーク事務局

♻バイオマスプラ・シンボルマーク
バイオマス(再生可能な有機性資源)を原料としてつくられるプラスチック製品につけられる。
日本バイオプラスチック協会

♻グリーンプラマーク
生分解性プラスチックでつくられた製品につくマーク。このプラスチックは、使用後に、微生物のはたらきによって二酸化炭素と水に分解される。
日本バイオプラスチック協会

➡バイオマスマークがついている乳酸菌飲料のボトル。

バイオマスマーク

♻バイオマスマーク
生物に基づく資源・バイオマスを活用している商品につけられる。
一般社団法人日本有機資源協会

♻サスティナブルU.S.ソイロゴ
サスティナブル(持続可能)な農法でつくられたアメリカ産大豆・大豆製品を輸出する際につけられる。
アメリカ大豆輸出協会

♻植物油インキマーク
大豆やヤシなど植物油全般を原料とするインキで、マークの使用基準を満たしたものやそのインキを使用した印刷物などに使用される。
印刷インキ工業連合会

省エネなどで資源を守ることを示すマーク

省エネ型の電気製品を積極的に利用することで、電気をむだに使うことがなくなり、発電に必要な資源を守るとともに、地球温暖化の原因となる二酸化炭素の排出量を減らすことができます。

統一省エネルギーラベル

省エネルギー性能の高さの程度や、省エネルギーラベルなどを表示している。

正式版

経済産業省

簡易版

⬆省エネルギーラベル

省エネルギー基準に達している製品は緑色、達していない製品はオレンジ色（右下）。家電製品のカタログ、製品本体などに表示される。

⬆国際エネルギースターロゴ

省エネルギー基準を満たしたオフィス機器につけられる。

国際エネルギースタープログラム

⬆グリーン・エネルギー・マーク

製品の製造時に使用する電力をグリーン電力でまかなった製品につけられる。

一般財団法人日本品質保証機構

住宅省エネラベル

戸建

総合省エネ基準：適
断熱性能基準：適

自己評価
平成27年度

⬆住宅省エネラベル

設備機器などが住宅事業建築主の判断の基準を満たしている住宅であることを示している。

国土交通省

フロン対策のマーク

有害な紫外線を防ぐオゾン層を破壊する化学物質であるフロンを大気に出さないことや、製品から回収する取り組みを表すマークがあります。

正式版

簡易版

⬆フロンラベル

製品に使われているガスの地球温暖化へのえいきょうの程度を表す。

経済産業省

⬆フロンの見える化マーク

フロン類を使用している製品につけられるマーク。

経済産業省

⬆フロン回収推進マーク

フロン回収の取り組みを呼びかけるためのシンボルマーク。

経済産業省

⬆ノンフロンマーク

フロンを使用していない冷蔵庫などの製品につけられるマーク。

経済産業省

地球環境を守るいろいろなマーク

「地球温暖化を防ぐ」「生態系や資源を守る」など、地球環境を守るための取り組みが行われています。こうした地球環境対策に取り組んでいる企業や団体、またはこうした取り組みでつくられた製品に、マークがつけられています。環境を守ることの大切さを多くの人びとにうったえ、意識を高めるねらいがあります。

環境への取り組みを表すマーク

地球にやさしい行動をすることを呼びかけるマークや、環境によい取り組みをしていることをアピールするマークなどがあります。

地球温暖化防止

文具から家具、ホテルまでさまざまな商品に用いられているマーク。レポート用紙のように目立つところにつけられることが多い。

⬆エコマーク
生産から廃棄までを通して環境への負荷が少なく、環境保全に役立つと認められた商品につけられる。

公益財団法人日本環境協会

⬆地球温暖化防止マーク
地球温暖化防止をテーマとするキャンペーン、イベントなどに使用されるマーク。

全国地球温暖化防止活動推進センター

⬆エコリーフ環境ラベル
生産から使用、廃棄・リサイクルまで製品のすべての過程にわたって、環境への影響を数値で知らせる製品につける。

一般社団法人サスティナブル経営推進機構

⬅マリン・エコラベル・ジャパン(MEL)
資源と生態系の保護に積極的に取り組んでいる漁業を認証し、その製品につけられる。

一般社団法人マリン・エコラベル・ジャパン協議会

WWFのシンボルマークが入った製品。

⬆グリーン購入ネットワーク
グリーン購入に取り組んでいる事業者がつけるシンボルマーク。グリーン購入とは、製品が自分に必要か、また品質や価格だけでなく環境や社会への影響を考え、環境負荷ができるだけ小さく、かつ社会面に配慮した製品やサービスを選んで買うことをいう。

グリーン購入ネットワーク

⬆WWFロゴマーク
野生動物保護や地球温暖化問題に取り組む、世界最大規模の環境保全団体、WWF（世界自然保護基金）のロゴマーク。絶滅の危機にあるジャイアントパンダの姿をシンボルとしている。

© 1986 Panda Symbol WWF
® "WWF" is a WWF Registered Trademark

CO₂を減らすためのマーク

製品をつくり、捨てるまでの工程や、運送などで発生するCO₂（二酸化炭素）の排出量を減らす取り組みについてのマークです。

⬆カーボンフットプリントマーク

製品がつくられてから捨てられるまでを通して、排出される温室効果ガスの排出量をCO₂に換算した企業の製品につけられるマーク。

一般社団法人産業環境管理協会

エコシップマーク

⬆エコシップマーク

CO₂排出量の少ない海上輸送を利用することで地球環境にやさしいと認定された企業やそのトラックにつけられるマーク。

一般社団法人日本長距離フェリー協会

エコレールマーク

⬆エコレールマーク

環境にやさしい貨物鉄道を利用して運ばれた商品や、取り組みを行っている企業を示すマーク。

公益社団法人鉄道貨物協会

除菌剤についているエコレールマーク。

環境のことを考えた自動車などのマーク

環境を考えてつくられた、燃費のよい自動車や排出ガスが少ない自動車につくマークがあります。

⬆燃費基準達成車ステッカー

省エネ法（エネルギーの使用の合理化に関する法律）で定める燃費目標基準値以上の燃費のよい自動車。

国土交通省

⬆低排出ガス車認定ステッカー

自動車から出るガスにふくまれる有害物質の排出が、一定レベル以上低減されている自動車についている。排出ガスの少なさを星の数で表す。

国土交通省

急速充電器用

普通充電器用

⬆CHARGING POINT

環境にやさしい電気自動車やプラグイン・ハイブリッド車などの電気を利用する自動車の運転手が、迷わず安全に充電器に到着できるように充電器の設置場所を示す案内サイン。

東京電力ホールディングス

電気を利用する自動車が利用する充電ステーション。マークが目印になっているのでわかりやすい。

©PIXTA

福祉に関するマークや記号

同じ施設や設備でも、不便を感じる人もいれば、楽に使える人もいます。だれもができるだけ不便を感じることなく、ともに生きていける社会をつくるために、マークがさまざまな役割をはたしています。

国際シンボルマーク

この場所が障害者等が利用できる駐車スペースであることを示す「国際シンボルマーク」。公共施設や大型商業施設の駐車場には、この駐車スペースがよく見られる。

音響用押ボタン

耳からの情報、目からの情報のためのマーク

青信号を音声で知らせる音響用押しボタン。「盲人のための国際シンボルマーク」がついていて、目の不自由な人が安全に使える設備であることを示している。

介護や育児のためのマーク

出産前後の女性が、交通機関などを利用するときに身につけるマーク。赤ちゃんの成長や母親の健康のために、周囲の人が配慮をしやすくなる。

国際シンボルマーク

エレベーターや多目的トイレ、駐車場、バスなどで下のようなマークを見たことがありませんか？　このマークは、「国際シンボルマーク」といって、障害のある人が安全に安心して利用できる設備のある建物や施設、公共輸送機関であることを示す世界共通のマークです。

公益財団法人日本障害者リハビリテーション協会
JIS Z8210 5-1-5

国際シンボルマーク

障害者等が利用しやすい建築物や施設であることを示す世界共通のマーク。車いす使用者だけでなくすべての障害者が利用できる。

障害者等が利用しやすいエレベーターの入り口の表示（左上）と、エレベーター内の表示（左）。操作ボタンなどが押しやすい位置にあり、点字表示がある。

多目的トイレの入り口横にある国際シンボルマーク。障害者等も安心して利用できるトイレであることを示す。

バスについている国際シンボルマーク（車体の右上と前面）。段差をなくして乗り降りしやすくしたり、車いす用のスペースを設けたりしているバスにつけられている。

駐車場のマークとあわせて、障害者等が利用できる自動車の駐車場があることを示す。乗り降りがしやすいよう、スペースが広くとられている。

耳からの情報、目からの情報のためのマーク

だれもが暮らしやすい社会をつくるため、さまざまな取り組みをうながすためのマークがつくられています。不便を感じている人がつけるマークや、まわりの人がスムーズに手助けをできるようにするためのマークもあります。

目の不自由な人の案内をする盲導犬。
©PIXTA

⬆耳マーク

聞こえが不自由であること、または聞こえない人・聞こえにくい人への配慮を表すマーク。また、病院や役所の窓口などに掲示され、安心して利用できることを示す。

一般社団法人全日本難聴者・中途失聴者団体連合会

⬆うさぎマーク

耳の不自由な子どももいっしょに遊べるおもちゃであることを示すマーク。

一般社団法人日本玩具協会

⬆盲導犬マーク

目の不自由な子どももいっしょに遊べるおもちゃであることを示すマーク。

一般社団法人日本玩具協会

⬆ほじょ犬マーク

ほじょ犬（身体障害者補助犬*）と身体障害者補助犬法の理解をうながすためのマーク。ステッカーやポスターなどがある。

＊盲導犬、聴導犬および介助犬のこと。

厚生労働省

テレビ番組表のマーク

テレビ番組の中には、だれもが楽しめるよう工夫された番組もあります。新聞のテレビ番組欄には、そのことを示すマークがつけられています。

手	手話放送 番組の内容を手話で伝える。
解	解説放送 番組の内容を解説する音声が、副音声で流れる。
字	字幕放送 画面に、番組の内容を解説する字幕が表示される。
デ	データ放送 番組と連動したクイズなどが出題される。

10.05 字 N ◇ 10 デ 新たな挑戦を決断した人々画 アメリカで驚きの発見
00 双 みんなの解説 テロの脅威はいつまで続くのか▽天
00 字 N ◇ 15 字 昼のおさんぽ 歩いても歩いても!?
45 字 デ うまちゃん画
00 字 N ◇ 05 解 字 肥満症 ついにその原因を発見！画
55 字 世界のテレビから
2.05 解 字 笑顔の家族画 ▽齋藤邦子沖縄の島々へ三線と泡盛の旅

00 字 ヨーヨー選手権
15 基礎の英語会話
30 ニュースで英語
00 字 いつもの料理画 納豆を上手に使ってもう一品
30 解 字 趣味の時間・泥だんご
00 解 デ 家庭菜園画 イチゴ
25 解 字 先輩がやって来た！クラブ活動▽あの先生
00 国 手話でニュース
05 字 ハード画 あの日々は…
35 字 健康画 ◇ 50 デ 天気
00 字 ☆関東学生野球秋季最終戦「明成×王慶」神宮球場▽100年続く伝統の一戦が今シーズンの優勝決定戦

新聞のテレビ番組欄。※番組名などは架空のものです。

そのほかのマーク
◇ 番組と番組の間。
画 再放送の番組。
囲 二か国語放送の番組。
N ニュース番組。
双 双方向番組。

⬆補助犬同伴可ステッカー

レストランや店などの入り口につけ、補助犬の受け入れを表示する。

認定NPO法人 全国盲導犬施設連合会

点字図書・録音図書などがある日本点字図書館。

日本点字図書館の入り口にはってある、ほじょ犬マークと補助犬同伴可ステッカー。

⬆白杖SOSシグナル
普及啓発シンボルマーク

視覚障害者が白杖をかかげていたら、それはSOSの合図。この合図を見たら、進んで声をかけて支援しようという「白杖SOSシグナル運動」を広めるためのマーク。

岐阜市障がい福祉課

⬆盲人のための
国際シンボルマーク

視覚障害者の安全を考えたバリアフリーの建物などにつけられている世界共通のマーク。

社会福祉法人日本盲人福祉委員会

青信号を延長するための押ボタン。横断歩道の手前にある。

信号が青であることを音声で知らせる機械。

 # 色の見え方が異なる人のためのマーク

色の見え方が異なる人でも情報が正しく伝わると認証された製品や施設につくマークがあります。

⬆色覚バリアフリーマーク

岡部正隆

すべての人にわかりやすいよう、色なしでも意味が伝わるデザインを示す。

CUD
COLOR
UNIVERSAL
DESIGN

特定非営利活動法人
カラーユニバーサルデザイン機構

⬆CUDマーク

色の感じ方が異なる人でも情報が正しく伝わると認証された製品や施設を示す。

CUD認証を受けた施設・製品

⬆どうぎんカーリングスタジアム(北海道札幌市)。⬆館内の案内板

日本理化学工業株式会社

色の明度や彩度に差をつけ、だれでも見やすい色にしたチョーク。

手話・指文字・点字

　1巻に出てくるように、ことばは記号の一種です。手話は聴覚や発声が不自由な人びとの間で生まれ、広まった言語です。このほか、指で五十音を表す指文字や、小さな点のでっぱりをさわって読む点字があります。

手話
手や指の動きや顔の表情などで単語を表現し、それらを組み合わせて会話をします。

「私の名前はめいです。よろしくお願いします。」

私	名前	めい	いう	よい	たのむ

右手の人さし指をむねの真ん中に向け、自分のことを表す。

左手の手のひらを前に向け、真ん中に右手の親指を2回つける。

ひらがなを1字ずつ、指の形で表す指文字（→21ページ）で示す。

人差し指を立てて口の前に置き、前に出す。「いう」の意味。

こぶしの親指のほうを鼻に当てて少し前に出す「よい」と、立てた手を前に出しながら頭を下げる「たのむ」を組み合わせる。

人

※世界にはいろいろな手話があります。ここで紹介しているのは、日本の手話です。地域によって、ちがう表現もあります。

指文字

※相手から見た図です。

単語を手話で表せないときは、指の形でひらがなや数字を1文字ずつ表す指文字を使います。

い　ぬ　　　す　し

点字

※黒い丸印が実際に打ち出されている点です。

縦3つ、横2列の6つの点で1文字がつくられています。これらの点を、打ち出したり空白のままにしたりした組み合わせで、ひらがな、数字、アルファベットを表します。

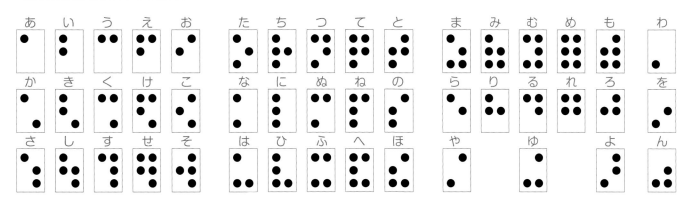

点字やマークで示された案内板。文字のほかに点字でも書かれている。マークもついていてわかりやすくなっている。
©PIXTA

 ユニバーサルデザイン

だれもが使いやすいようにと考えられたデザイン（設計）が、ユニバーサルデザインです。

IAUD国際デザイン賞

IAUD（国際ユニヴァーサルデザイン協議会）が、ユニバーサルデザインにおいて、めざましい活動を行っている団体・個人を表彰するマーク。

一般財団法人国際ユニヴァーサルデザイン協議会

IAUD国際デザイン賞金賞。AIが自動で応対してくれるチャットサービス。人のような自然な会話で利用者に安心感をあたえる。

富士通株式会社／富士通デザイン株式会社

21

移動や活動をしやすくするマーク

さまざまな理由で障害があると、街や施設などの移動や活動が難しくなります。安全で安心して過ごすためには、まわりの人びとの理解と協力が欠かせません。また、ときには手助けが必要になることもあります。そのような場合に配慮して、さまざまなマークがつくられています。

街中で使われるマーク

体の不自由な人が利用できる施設や、まわりの人に手助けを求める場合の目印になるマークです。

JIS Z8210 JD-1-1

駐車場の入り口にあるハート・プラスマーク。

⬆ハート・プラスマーク

内臓の病気などで身体内部に障害があることを示すマーク。電車などの座席や障害者用駐車スペースなどで、理解と協力を必要としていることを示す。
特定非営利活動法人ハート・プラスの会

東京都福祉保健局

ヘルプマークをバッグにつけているところ。

⬆ヘルプマーク

外見からわからない障害や病気などで、まわりの人の手助けを必要としていることを知らせるマーク。
東京都福祉保健局

JIS Z8210 5-1-58

オストメイトマークのあるトイレの案内板。

⬆オストメイトマーク

人工肛門・人工膀胱を使っている人(オストメイト)のための設備があることを表している。
公益財団法人交通エコロジー・モビリティ財団

国土交通省

⬆バリアフリー法シンボルマーク

障害者や高齢者などが利用しやすい建物であると認定を受けた建築物や広告に表示される。

国土交通省

⬆UDタクシーマーク

だれもが利用しやすいユニバーサルデザインのタクシーであると認定を受けたことを示す。

一般社団法人 東京ハイヤー・タクシー協会

⬆UD(ユニバーサルデザイン)タクシー

公益財団法人ソーシャルサービス協会

⬆障害者雇用支援マーク

障害者が在宅で働くこと、障害者が仕事につくことへの支援を認めた企業や団体に対し、協会が認証するマーク。

優先席などで使われるマーク

高齢者や障害者、妊産婦などを優先すべき設備や席を表すマークです。鉄道の優先席マークなどはこれを元につくられています。
公益財団法人交通エコロジー・モビリティ財団

優先設備		
高齢者優先設備 JIS Z8210 5-1-43	妊産婦優先設備 JIS Z8210 5-1-47	
障害のある人・けが人優先設備 JIS Z8210 5-1-44	内部障害のある人優先設備 JIS Z8210 5-1-45	乳幼児連れ優先設備 JIS Z8210 5-1-46

優先席		
高齢者優先席 JIS Z8210 5-1-48	妊産婦優先席 JIS Z8210 5-1-52	
障害のある人・けが人優先席 JIS Z8210 5-1-49	内部障害のある人優先席 JIS Z8210 5-1-50	乳幼児連れ優先席 JIS Z8210 5-1-51

入院患者のためのマーク

医療施設（病院など）で、入院している患者への支援をわかりやすく表したマークが使われています。

移動

| 歩行 | つえ | 歩行器 | 車いす移動 | ベッド移動 |

姿勢

| ヘッドアップ制限（30度） | ヘッドアップ制限（45度） | ヘッドアップ制限（60度） |

職員共有

| 右上肢処置禁止 | 左上肢処置禁止 | 定時採血 | 尿管理 | リハビリ中 |

飲み物

| 飲み物制限 | 服薬時水分可 | 飲み物計量中 | 飲み物可 |

食事

| 飲食禁止 | 飲食禁止 | 食事禁止（朝） | 食事禁止（昼） | 食事禁止（夜） |

はいせつ

| ベッド上排泄 | ポータブルトイレ |

ベッドわきのかべに、患者に関する情報がひと目でわかるように示されている。　ベッドまわりのサインづくり研究会

介護や育児のためのマーク

街の中の施設や設備は、さまざまな立場の人のことを考えてつくられています。また、だれにでも使いやすいように考えられた製品も増えています。いっぽうで高齢者や妊娠中の女性などは、街で不自由な場面に出あうことも少なくありません。その手助けをするためのマークもたくさんあります。

高齢者などの手助けのためのマーク

高齢者などの手助けをする人のマークや、まわりの人びとに理解を求めるためのマークがあります。

⬆️民生委員・児童委員のマーク

地域で、高齢者や障がい者、子どもなど、援助が必要な地域住民の相談・支援を行う民生委員・児童委員のマーク。

全国民生委員児童委員連合会

⬆️シルバースターマーク

高齢者が快適に過ごせる設備やサービスなどがととのった宿泊施設であると認定登録されているマーク。

全国旅館ホテル生活衛生同業組合連合会

⬆️シルバーマーク

高齢者に良質な介護サービスなどを提供していると認定された事業所に交布されるマーク。

一般社団法人シルバーサービス振興会

介護マークの札を首から下げ、介護中であることを示している。

⬆️介護マーク

認知症の人を介護する人が介護中であることをまわりの人に理解してもらうためのマーク。

静岡県長寿政策課

介護マークについての理解を呼びかけるポスター。

⬆️ロバマーク

認知症を正しく理解し、認知症の人やその家族を温かく見守る認知症サポーターがいる施設であることを示すマーク。

特定非営利活動法人地域ケア政策ネットワーク

認知症サポーターになった人にわたされるオレンジリング。

⬆️買い物まかせなサイマーク

高齢者など買い物に行くのが困難な人を支援する活動を行っていることを伝えるマーク。

公益財団法人流通経済研究所

出産や育児を支えるマーク

出産前後の女性への配慮や、子育て支援への取り組みを表すマークがあります。

妊産婦さんへの思いやり

←ボールチェーンタイプのマタニティマーク。バッグなどにつける。

←マタニティマークをつけている人への思いやりをうったえるポスター。

厚生労働省

⚙マタニティマーク

出産前後の女性が電車やバスなどを利用するときに身につけ、まわりの人が配慮をしやすくするためのマーク。

厚生労働省

⚙くるみんマーク

従業員が男性も女性も子育てをしやすいように取り組んだ企業として認定されていることを示すマーク。

厚生労働省

⚙プラチナくるみんマーク

くるみん認定を受けた企業のうち、さらに高度な取り組みをしている企業であることを示すマーク。

 ## 暴力や虐待を防ぐための運動のマーク

女性への暴力や子どもへの虐待を防ぐ運動が行われています。その運動を象徴するためのマークがあります。

女性に対する暴力根絶のためのシンボルマーク

女性に対する暴力の問題を、社会全体で考えることを広めるためのシンボルマーク。

内閣府男女共同参画局

オレンジリボンマーク

子どもへの虐待を防止する運動のシンボルマーク。

特定非営利活動法人 児童虐待防止全国ネットワーク

オレンジリボンマークのついた横断幕をかかげて運動をする人たち。

日本を訪れる外国人のためのマーク

　国際化が進み、日本を訪れる外国人が増えています。また、日本はさらに外国からの観光客を増やすことに力を入れています。日本を訪れる外国人に、交通や観光の案内をするとき、おたがいのことばがわからなくても意味が通じるマークが役立ちます。

観光施設にあるマーク

　外国から日本に観光に来る人のために、わかりやすいマークのついた案内板がつくられています。政府の機関や地方自治体が設置しています。

➡JNTO認定外国人観光案内所シンボルマーク
観光庁が定めた指針に基づき、JNTOが認定した外国人観光案内所につけられる。外国人が安心してサービスを受けられることを示す。

JNTO認定外国人観光案内所にあるマーク。

公益財団法人交通エコロジー・モビリティ財団

JIS Z8219 5-4-10

⬆コミュニケーション
特定の外国語で話せる人がいることを示す。

JIS Z8219 5-4-11

⬆靴を脱いでください
くつをぬぐ場所であることを示す。

 Japan. Hands-Free Travel

⬆Japan Hands-Free Travelマーク
空港、駅、商業施設で、荷物の一時預かりや配送のサービスが利用できることを、外国人旅行者向けに示すマーク。
国土交通省・観光庁

 Japan. Free Wi-Fi

⬆Japan Free Wi-Fiマーク
外国人旅行者向けに、無料で公衆無線LAN環境を利用できるスポットを示すマーク。
国土交通省・観光庁

➡Hello! Hiroshima Projectマーク
広島駅構内を中心に行っている外国人観光客への案内活動のシンボルマーク。
Hello! Hiroshima Project運営事務局

外国人観光客にわかりやすく

　外国人観光客にもわかりやすくするため、2017年に案内用図記号（ピクトグラム）が変更されました。さらに、2019年に案内用図記号が追加されました。

それまでの案内用図記号

追加された案内用図記号

洋風便器
JIS Z8210 5-1-59

和風便器
JIS Z8210 5-1-60

温水洗浄便座
JIS Z8210 5-1-61

変更された案内用図記号

駐車場
JIS Z8210 5-2-11

手荷物受取所
JIS Z8210 5-2-15

救護所
JIS Z8210 5-1-4

乗りつぎ
JIS Z8210 5-2-14

ベビーケアルーム
JIS Z8210 5-1-32

2020年に向けたマーク設置

2020年の東京オリンピック・パラリンピックでは、多くの国や地域から、たくさんの外国人が訪れます。東京都では、外国人が、交通や施設をスムーズに利用できるよう、マークを使ったわかりやすい案内を取り入れました。

⬆成田空港

⬆羽田空港

⬆多言語メニュー

⬆使用食材表示

コミュニケーション支援ボード

外国人をはじめ、ことばではコミュニケーションをとることが難しい人とのやりとりをしやすくするために、絵やマークを使ったコミュニケーション支援ボードが利用されています。

店、レストラン、駅、役所、病院などで、絵でかかれていることを指でさし示して伝えることができる。

公益財団法人明治安田こころの健康財団

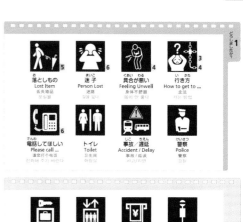

伝えたいことが、マークでかかれている。おたがいに、マークを指でさし示して意思を伝える。マークのほか英語、中国語、韓国語の文字でも書かれている。

公益財団法人交通エコロジー・モビリティ財団

防災のマークや記号

地震や津波、洪水などの自然災害や、火事などの災害にはつねにしっかり備え、万一のときはすばやく安全に避難することが必要です。そのために、マークや記号が活用されています。そのほかに、危険な製品について、取りあつかいの注意などを示すときにもマークや記号が使われます。

おむつ交換台　Diaper Changing Station　嬰児尿布交換台　기저귀 교환대

マークの色が意味をもつ

トイレにある赤ちゃんのおむつ交換台。黄、赤、青のマークが、それぞれ、注意、禁止、指示の意味を表している。

避難のためのマーク

地震や津波などの災害が起こったときの避難場所を知らせる看板に、避難場所を示すマークや津波注意などのマークがかかれている。

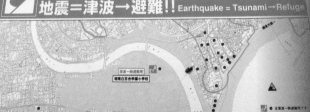

©PIXTA

安全のためのマーク

消火器には、火災の種類についてのマークがついている。その消火器がどの火災に使えるものかがわかる。

©PIXTA

危険や安全を知らせる色や形

　街の中には、気をつけないと危険な場所があります。工事中の場所には、立入禁止などを知らせる標識が置かれています。このような標識は、たいてい赤や黄が使われています。いっぽう、青信号のように、青や緑は安全であることを表します。このように、標識などに使われる色や形には、ルールがあります。

安全色とは

　JISでは8色の安全色が決められています。そのうちの6色の意味は、右のとおりです。このほかに黒と白も使われます。

青や緑は、安全を表す。
©PIXTA

防火、禁止、停止、緊急を表す。防火標識の表示などに用いる。

注意警告、明示を表す。救命具や水路標識などに用いる。

注意警告、明示、注意を表す。感電注意標識の警告表示など。

安全状態、進行を表す。非常口の位置および方向を示す標識など。

指示、誘導、安全状態、通行、完了・稼働中を表す。「保護めがね」の着用などの指示。

放射能、極度の危険を表す。放射能標識など。

JIS Z9103

黒と白の使われ方

　黒と白は、ほかの安全色を目立たせるために、組み合わせて使われます。文字の色に使われることもあります。

工事現場に置かれている標識。
©PIXTA

標識の形と色

　標識は、形や色でだいたいの意味が決まっています。そのため、遠くからでも何の標識なのか推測することができるのです。

禁止

指示

注意警告

安全状態

防火

補足情報

禁止・防火などを表す赤いマーク

何かをしてはいけないことを示す禁止のマークには赤が使われます。また、防火のマークにも、赤が使われます。

海岸にある遊泳禁止のマーク。

©PIXTA

禁止標識

赤い円にななめの線が引いてあるマークを禁止標識といいます。危険な行動などを禁止するために使われます。

一般禁止
JIS Z8210 6-2-1

禁煙
JIS Z8210 6-2-2

火気厳禁
JIS Z8210 6-2-3

立入禁止
JIS Z8210 6-2-7

走るな/かけ込み禁止
JIS Z8210 6-2-8

さわるな
JIS Z8210 6-2-9

捨てるな
JIS Z8210 6-2-10

飲めない
JIS Z8210 6-2-11

遊泳禁止
JIS Z8210 6-2-17

キャンプ禁止
JIS Z8210 6-2-18

飲食禁止
JIS Z8210 JA-4-1

撮影禁止
JIS Z8210 6-2-14

ベビーカー使用禁止
JIS Z8210 6-2-16

携帯電話使用禁止
JIS Z8210 6-2-12

電子機器使用禁止
JIS Z8210 6-2-13

ペット持ち込み禁止
JIS Z8210 JA-4-2

フラッシュ撮影禁止
JIS Z8210 6-2-15

※文字による補助表示が必要。

公益財団法人交通エコロジー・モビリティ財団

防火などのマーク

火災に備えるために、消火器や非常電話、非常ボタンがある場所を示すマークがあります。

非常通報器についている非常ボタンマーク。

©PIXTA

消火器
JIS Z8210 6-1-1

非常電話
JIS Z8210 6-1-2

非常ボタン
JIS Z8210 6-1-3

列車の非常停止ボタン
JIS Z8210 6-1-8

消火器と消火栓のマーク

消火器の薬剤は、火災の種類によって使えないものもあります。A火災（普通火災）、B火災（油火災）、C火災（電気火災）の3種類がありますが、一般の消火器は、どの火災にも使えます。

火災に備えるための消火栓や防火水槽がある場所は、非常時にわかりやすいよう、目立つ標識で示されます。

消火器の表示例

↑普通火災（A火災）
木材、紙、せんいなど

↑油火災（B火災）
油、石油など

↑電気火災（C火災）電気設備など

消火器の使い方の説明も、わかりやすくマークのようになっている。©PIXTA

←A火災、B火災、C火災のどれにも使えることを示すマークがついている消火器。

ヤマトプロテック株式会社

消火栓の標識。

消火栓。

防火水槽の場所を示す標識。©PIXTA

非常事態を知らせるマーク

鉄道には、非常事態が起こった場合に危険を知らせるための通報器が設置され、その場所を示すための赤いマークがあります。

駅のホームにある非常停止ボタン。線路に人が落ちた場合など、非常事態を知らせるためのボタン。

鉄道の踏切にある非常ボタン。自動車が踏切から出られなくなった場合などに、危険を列車に知らせる。

©PIXTA

注意をうながすための黄色いマーク

正しい行動をしないと危険なことが起こる場合があります。どのような危険があるかを知らせる表示にも、マークが使われています。行動する人の安全を守るためにつくられたマークで、黄色が使われます。

警告標識

黄は、危険な場所や行動に対して注意が必要であるということを意味します。警告標識といい、赤のマークほど危険ではないが、注意しないと危険なことが起こるおそれがある場合に使います。

公益財団法人交通エコロジー・モビリティ財団

一般注意
JIS Z8210 6-3-1

上り段差注意
JIS Z8210 6-3-3

下り段差注意
JIS Z8210 6-3-4

滑面注意
JIS Z8210 6-3-5

天井に注意
JIS Z8210 6-3-7

ホームドア：手を挟まれないよう注意
JIS Z8210 6-3-12

障害物注意
JIS Z8210 6-3-2
※文字による補助表示が必要。

感電注意
JIS Z8210 6-3-8
※文字による補助表示が必要。

転落注意
JIS Z8210 6-3-6
※文字による補助表示が必要。

ゆかに表示されているマーク。

動く歩道についているマーク。

急な坂の手前にあるマーク。

危 険
高 電 圧
DANGER! HIGH VOLTAGE!
©PIXTA
感電注意の看板

衝突注意
Clash
通路の曲がり角にあるマーク。

建物の駐車スペースの入り口に、入れる自動車の高さ制限を表すマークがついている。

電車のドアにはってある、注意をうながすステッカー。

病院や薬局にある危険を表すマーク

病院で使われる注射器などは、一般のごみと同じように捨てると、病気に感染する原因となることがあります。このような、感染のおそれがあるごみの入った容器などにバイオハザードマークが使われています。

⚠血液など、液状またはどろ状の廃棄物

⚠血液のついたガーゼなど、固形の廃棄物

⚠注射針など、とがった形の廃棄物

薬局でも使用済みの注射器を回収していることがある。そのことを知らせるマーク。黒は感染性廃棄物全般。

放射線をあつかう施設のマーク

原子力発電所など、放射線をあつかう施設では、放射線をあびる危険があります。このような施設では、JISの放射能標識というマークを表示して、危険を表しています。専門的な知識を持った人が厳重に施設を管理しています。病院で放射線をあつかう場合は、ちがうマークを使うこともあります。

⚠放射線をあつかう施設で使われるマーク

➡病院で、放射線を使っている部屋にあるマーク。

放射線
管理区域

注意

指示あるまで入室しないで下さい。

院 長

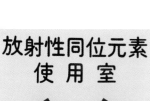

放射性同位元素
使用室

放射線を出す物質をあつかう部屋であることを示すマーク。

貯蔵室

許可なくして立入りを禁ず

放射線を出す物質が貯蔵されている部屋であることを示すマーク。

指示するための青いマーク

危険や安全に直接関係するものではありませんが、あることをするように指示する場合のマークには、青い色を使います。駅のホームなどで、電車を待つ人に何列で並んでいてほしいかといった指示に使われています。これらのマークは、JIS（日本産業規格）の案内用図記号として決められています。

指示標識

公益財団法人交通エコロジー・モビリティ財団

青い円のマークは指示標識といい、あることをするように指示するときに使われる色です。安全に作業をするための指示や、マナーに関する指示を示すマークに使われています。

⬆一般指示
JIS Z8210 6-4-1

⬆静かに
JIS Z8210 6-4-2

⬆左側にお立ちください
※文字による補助表示が必要。
JIS Z8210 6-4-3

⬆応用例（右側にお立ちください）
※文字による補助表示が必要。
JIS Z8210 6-4-4

⬆一列並び
※文字による補助表示が必要。
JIS Z8210 6-4-6

⬆二列並び
※文字による補助表示が必要。
JIS Z8210 6-4-5

⬆三列並び
※文字による補助表示が必要。
JIS Z8210 6-4-7

⬆シートベルトを締める
※文字による補助表示が必要。
JIS Z8210 6-4-10

エスカレーターの乗り場にある表示の中の指示マーク。

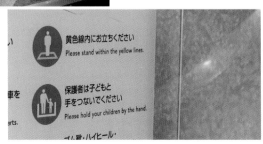

矢印も重要な記号

矢印も重要な案内用図記号で、方向を示す役割があります。JISの規格で、形が決まっています。

矢印　　応用例　↑ ↓ ← →
　　　　　　　　↖ ↙ ↘
JIS Z8210 6-4-9

公益財団法人交通エコロジー・モビリティ財団

安全を表す緑のマーク

　緑は、赤や黄とちがって、見た人に強い印象をあたえません。自然の中にある植物の葉や草などの色と共通していることから、若さ、さわやか、平和、安全などのイメージがあります。そのため、安全に導くマークや衛生のシンボルなどに、緑が使われています。

安全な場所や救護を示すマーク

　緑は、安全に導くマークに使われています。非常口を示すマークや広域避難場所のマーク、救護を示すマークなどは緑色です。

非常口

非常口の場所を示すマーク（→36 〜 37ページ）

JIS Z8210 JA-3-1

広域避難場所

災害時の避難場所を示すマーク（→38 〜 39ページ）

JIS Z8210 6-1-4

公益財団法人交通エコロジー・モビリティ財団

非常事態が起こったときに、外ににげられる非常口の場所を示すマーク。

緑十字

安全や衛生のシンボルとして使われるマーク。

↑救急箱についている緑十字。

→工事現場にかかげられた旗。緑十字のマークと「安全第一」の文字を組み合わせ、作業をする人たちに安全を呼びかける。

工事現場にある看板。

緊急災害のときの避難・誘導マーク

　地震や火事などの災害が起こったとき、大勢の人が安全に避難できるようにと考えられたマークがあります。ビルやデパートなどの建物の中で、緊急のできごとがあった場合には非常口を表すマークをたどれば、すばやく外へにげることができます。外で災害にあった場合に、より安全な場所へ避難するためのマークもあります。避難・誘導のためのマークは、文字の読めない小さい子どもや外国人でも、安全にわかりやすく行けるように考えられています。

非常口を表すマークがつけられている建物。照明がともり、昼でも夜でも見やすくなっている。

非常口を表すマーク

©PIXTA

⬆非常口

非常口がある場所を表す。非常口に向かう人の姿をデザインしたもので、日本では、消防法という法律でこの図案が決められている。

JIS Z8210 JA-3-1

非常口へ誘導するマーク

　非常口がある方向を矢印で表し、避難する人を導くために、ろうかや通路などにつけられています。背景が緑色のものと、白地のものがあります。使う色は、消防庁の基準で緑に決められています。

背景が白地のマーク。

人の向きが、非常口のある方向（避難する方向）を向いている。

不快感なく目立つように

避難や誘導は、すばやく安全に行わないと、人の命に関わります。ただし、ふだんは目立ち過ぎると不快に思う人もいます。

不快感をあたえず、いざというときには見やすく、すばやく正しい方向に進めるように、大きさやつける位置が考えられています。

高い位置につけられた非常口のマーク。

↑ドアの上につけられている非常口のマーク。この下に非常口があることがわかりやすい。

←通路につけられていることもある。

©PIXTA

🏃 非常口のマークは、世界共通のマーク

1970年代に、デパートなどで火事が起こったとき、非常口を表す表示が見づらかったことから、多くの人が亡くなりました。そこで、消防法により、「非常口」と大きく書かれた表示をつけることが決まりました。ところが、この表示は建物と調和せず、また子どもには読めないことや見づらいことなどから、評判がよくありませんでした。

1978年に、新しい非常口のマークが募集され、3000点もの中から、現在のマークが選ばれました。

このマークは、後にISO（国際標準化機構）の会議で日本の案がほかの国の案をおさえ、世界の標準的なマークに選ばれました。

↑かつての非常口を表す表示。

←ソ連（現在のロシアなど）が提案した非常口を示すマークの案。

避難場所を示すマーク

地震や、それにともなう津波、水害など、大きな災害が起こった場合、避難する場所が地域ごとに決められています。避難場所へ導くため、看板などにマークがえがかれています。

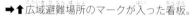

➡⬆ 広域避難場所のマークが入った看板。

⬆広域避難場所

災害時の避難場所であることを示す。

公益財団法人交通エコロジー・モビリティ財団
JIS Z8210 6-1-4

津波避難場所のマークが示されている看板。
©PIXTA

⬆津波避難場所

津波に対しての安全な避難場所（高台）を示す。

公益財団法人交通エコロジー・モビリティ財団
JIS Z8210 6-1-6

⬆津波避難ビル

津波に対して安全な避難場所（津波避難ビル）を示す。

公益財団法人交通エコロジー・モビリティ財団
JIS Z8210 6-1-7

⬆避難所

災害発生時の避難先となる安全な避難所（建物）を示す。
※文字による補助表示が必要。

公益財団法人交通エコロジー・モビリティ財団
JIS Z8210 6-1-5

洪水関連図記号・津波関連図記号

洪水関連図記号と津波関連図記号に追加されたマークです。

⬆堤防

その地域が堤防によって洪水から守られていることを示す。
※文字による補助表示が必要。

公益財団法人交通エコロジー・モビリティ財団
JIS Z8210 6-6-2

⬆洪水

その地域が洪水の影響を受ける可能性がある地域であることを示す。
※文字による補助表示が必要。

公益財団法人交通エコロジー・モビリティ財団
JIS Z8210 6-6-1

⬆津波注意

津波が来る危険のある地域を表示。

公益財団法人交通エコロジー・モビリティ財団
JIS Z8210 6-3-9

津波注意のマークのある表示板。
©PIXTA

救護所のマーク

救護所のマークはJIS（日本産業規格）で決められています。

↑救護所

救護所や保健室など、応急処置をする施設を表す。空港の構内案内などにも使われている。

JIS Z8210 5-1-4

避難所などの地図記号

地図上では、避難所などは避難場所を表すマークと似た記号で表されます。また、災害の種類別の記号があり、災害の状況によって組み合わせて使われます。

↑緊急避難場所

災害の発生、または発生のおそれがある場合にその危険からのがれるための避難場所を示す。

国土地理院

↑避難所

災害の危険性があり、避難した住民や、災害により家にもどれない住民などが滞在するための施設を示す。

国土地理院

↑避難所兼緊急避難場所

避難所であり緊急避難場所でもある場所の地図記号。

国土地理院

JIS Z8210 5-1-3　JIS Z8210 JA-1-3

↑病院・薬局

駅などに設けられた案内図で使われている。

公益財団法人交通エコロジー・モビリティ財団

 ① ⑦
 ②
 ③ ④ ⑤
 ④ ⑥

↑災害種別記号

災害に対応した緊急避難場所につけられるマーク。①洪水②がけくずれ、土石流および地すべり③高潮④地震⑤津波⑥大規模な火事⑦一時的に大量の降雨が生じた場合の浸水を示す。

国土地理院

避難場所へ誘導する実験

避難のためのサインは、ふだんの景観を損なわず、災害のときには避難所まで正しく導く必要があります。2012年8月に、愛知県で避難誘導サインの試作品を使って、うまく避難所まで導くことができるかを調べる実験が行われました。このような実験で得られたデータは、より適切なサインづくりに生かされます。

夜に光るサイン

バルーン型のサイン

防災マップのマーク

　地震や洪水、津波、火山のふん火などの災害が起こったとき、どこにどのような被害が起き、どこに避難したらよいかなどを表した防災マップがつくられています。ふだんから災害に備えるために、防災マップは大切です。地域ごとに防災マップがあり、地図記号や独自のマークが使われています。

立川市（東京都）でつくっている防災マップ。大規模な地震などの災害が発生したときに避難するための情報がかかれている。

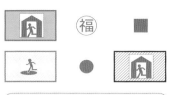

避難場所の記号

一次避難所、広域避難所などを表す。

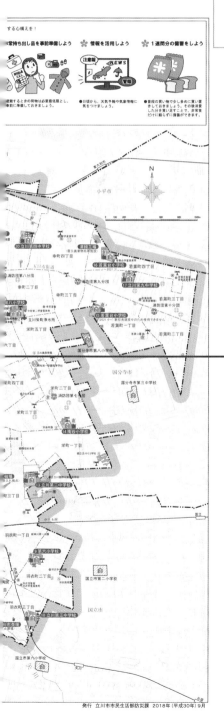

発行 立川市市民生活部防災課 2018年（平成30年）9月

凡例　Legend　凡例　범례

	一　　次　　避　　難　　所 Primary Evacuation Center 一次避难所　　1차 피난소
	広　域　避　難　所 Evacuation Areas for Large Region 大范围避难所　광역 피난 장소
福	福　祉　避　難　所 Welfare Evacuation Center 福祉避难所　복지 피난소
●	二　　次　　避　　難　　所 Secondary Evacuation Center 二次避难所　　2차 피난소
■	災害時に活用するオープンスペース Open space utilized in time of disaster 发生灾害时，活用的空地　재해 발생시에 활용하는 오픈 스페이스
	隣　接　市　の　避　難　場　所 Evacuation Place Outside The Town 邻接市的避难场所　인접 시의 대피장소
●	災　害　時　拠　点　施　設　※1 Disaster time Foothold Institution 灾害时据点施设　재해시 거점시설
☽	子　ど　も　未　来　セ　ン　タ　ー Kodomo Mirai Center 儿童未来中心　어린이 미래 센터
✿	女性総合センター・アイム Women's General Center AIM 妇女综合中心・aimu　여성종합센터・아임
表	駅　前　文　字　表　示　盤 Signboard in front of the station 站前文字标明牌　역앞 문자표시판
文	学　　　　　　　　　　校 School 学校　　　학교
保	保　　　育　　　園 Daycare Center 保育园　　　보육원
幼	幼　　　稚　　　園 Kindergarten 幼儿园　　　유치원
◉	市　　　役　　　所 City Hall 市政府　　　시청
	消防署（出張所を含む） Fire Station (Including Branch Office) 消防署（驻外地办事处）소방서（출장소 포함）
	消　防　団　詰　所 Fire Brigade Station 消防团值勤所　소방단 결집소
Ⓧ	警　　　察　　　署 Police Station 警察局　　　경찰서
Ⓧ	交　　　　　　番 Police Box 派出所　　　파출소
♰	災　害　拠　点　病　院 Disaster Foothold Hospital 灾害据点医院　재해 거점병원
♰	救　急　指　定　病　院 Urgent Appointment Hospital 急救指定医院　구급 지정병원
倉	防　災　備　蓄　倉　庫 Disaster Prevention Storage Warehouse 防灾储备仓库　방재 비축창고
⊤	防　災　行　政　無　線　塔 Disaster Prevention Administrative Wireless Tower 防灾行政无线电塔　방재행정 무선탑
✚	拠　点　救　護　所 Foothold Relief Place 据点救护所　거점 구호소
⊤	給　水　拠　点　施　設 Water Supply Foothold Institution 固定给水设施　급수 거점시설
⌇	災害対策用飲料貯水槽 Drink Water Tank For Anti-disaster 供灾害对策使用的饮料贮蓄水槽　재해대책용 음료 저수조
	応　急　給　水　タ　ン　ク Emergent Water Tank 应急水箱　응급 급수탱크
⊞	防　災　用　井　戸 Disaster Prevention Well 供防灾使用的的井　방재용 우물
⊞	農業用井戸（災害協定締結済み） Agriculture Well 供农业使用的的井　농업용 우물
	緊　急　交　通　路　※2 Emergent Traffic Road 紧急的通路　긴급 교통로

災害時帰宅支援ステーション

埼玉県、千葉県、東京都、神奈川県、横浜市、川崎市、千葉市、さいたま市、相模原市の9都県市では、コンビニエンスストアやファストフード、ファミリーレストランなどと、災害時の徒歩帰宅者支援のための協定を結んでいます。施設にステッカーをはり、災害発生時に、水道水やトイレ、情報の提供を受けることができる施設であることを示します。

地域の施設の記号

子ども未来センターなどを表す。

災害に関係する施設

市役所、消防署、警察署、病院などを表す。

災害に備えた施設

備蓄倉庫、救護所、貯水場などを表す。

子どもを守ってくれるいろいろなマーク

学校からの行き帰りや、遊びの場で、子どもがさまざまな事件に巻きこまれることがあります。このような事件を防ぐために、困ったときに助けを求めて避難できる「こども110番の家」などの活動が全国各地で行われ、その目印になるようなマークが使われています。

子どもが避難できる場所のマーク

「こども110番」というステッカーは、子どもが安心して避難することができる家や店であることを示しています。

目立つ黄色を使った看板（神奈川県）。

警視庁のマスコットをマークに使ったステッカー（東京都）。

「110」の数字を大きく、目立つようにしたマーク（千葉県）。

かわいいキャラクターと、黄色の地で目をひく看板（大阪府）。

動く防犯の「眼」

東京都では地域の犯罪を防ぐため、警察と協力して都の自動車や都営バス、郵便配達車などに、防犯ステッカーをはる取り組みをしています。歌舞伎の役者の化粧をしたするどい目をえがいたマークは、犯罪の現場や不審な人を見かけたときに、進んで通報してもらうことをねらいとしています。

自動車にはる2種類のステッカー。

ステッカーをはった郵便配達用バイク。

交番のマーク

交番にもいろいろなマークがあります。地域によって、多少ちがいがあります。

交番の正面にある警察のマーク。

↑警察官のぼうしの絵とともに、「KOBAN」の文字を組み合わせたもの。

→子どもが警察官にたずねているシルエットと文字を組み合わせた看板。

命を助けるマーク

急な心臓の異常でたおれた人を助けるための装置を示すマークや、救命救急を示すマークがあります。命に関わる緊急事態のときに助けとなります。

AEDマーク
AED（自動体外式除細動器）の設置場所を示す。
一般財団法人日本救急医療財団

空港に置いてあるAED。目につきやすいマークがついている。

JIS（日本産業規格）による案内図記号の中のAED（自動体外式除細動器）。2019年に制定された。
JIS Z8210 6-1-9

交通事故に気をつけるためのマーク

法律で決められている交通標識とは別に、子どもや車のドライバーに道路での安全を呼びかけるユニークな標識もつくられています。子どもの姿を看板にしたものや、動物の絵を使ったものなど、工夫がこらされています。主に、急な飛び出しを注意する内容です。

子どもの姿をえがき、子どもの飛び出しに注意するように呼びかけている。

横断歩道の手前の歩道の路面にえがかれているマーク。左右をよく確かめてから横断歩道をわたることを呼びかけている。

緊急連絡のために

公園や交差点の近くなどに、警察と直接連絡がとれる緊急連絡用の通報装置が設置されていることがあります。火事や事故、けがなどの緊急事態が起こったときに連絡できます。

街に設置されている緊急連絡用の通報装置。目立つように黄色にぬられている。

川や海の安全を守るマーク

　道路に自動車や歩行者のための標識があるように、川や海にも、船などのための標識があります。川や海の標識の多くは通航する船のためのものですが、そのほかに水上オートバイなど、水上でのレジャーを楽しむ人たちに向けたものもあります。

川の安全を守るマーク

　川の交通が発達していたヨーロッパで決められた通航のルールが、日本にも取り入れられています。川岸、橋、水門などに標識が設置されています。

追いこし禁止

船団による追いこし禁止

行き会い・追いこし禁止

注意

進入禁止

進入可

右側通行

左側通行

停泊・係留＊禁止
＊船を岸などにつなぐこと

回転禁止

仙台堀川（東京都）にかかる橋につけられている、進入禁止の標識。

船幅制限

上空高制限

汽笛

離岸距離制限

動力船通航可

停泊・係留可

水上オートバイ可

船舶通航可

川の水門についている信号機と標識（東京都・隅田川）

動力船通航禁止

水上オートバイ禁止

海の安全を守るマーク

海の標識は、船が港に出入りするときなどに安全に通航ができるように設置されているもので、光波標識、電波標識、音波標識などがあります。灯台も光波標識の一種で、夜間に光で合図を送っています。港の周辺には、浮標（ブイ）や灯浮標（明かりのつくブイ）などが設置され、船に航路を知らせています。

緑は左げん標識
緑色の標識は、水源に向かって航路の左はじであることを示します。船はこの標識の右側を通航します。

赤は右げん標識
赤色の標識は、水源に向かって航路の右はじであることを示します。船はこの標識の左側を通航します。

水門のわきにある標識（東京都・荒川）

手こぎボート禁止

ヨット禁止

船舶等通航禁止

水泳禁止

左はじを示す緑の灯浮標

右はじを示す赤の灯浮標　　海上保安庁

「水源」というのは河川の上流や湾のおくをさします。港に入るときは水源に向かっているので、緑色の浮標（ブイ）が航路の左はしになります。反対に、港から出るときは、緑色の浮標は、航路の右はじになります。

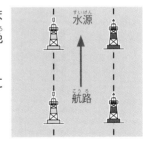

汽笛や光による信号

船同士がぶつからないように、針路を変えるときなどの合図が決まっています。汽笛の音や、光の合図によって、近くの船に知らせます。

汽笛	発光信号	操船内容
ボ	10秒ごとに1秒1回	針路を右に転回中
ボ ボ	10秒ごとに1秒2回	針路を左に転回中
ボ ボ ボ	10秒ごとに1秒3回	後進中
ボー ボー ボ		ほかの船の右側を追いこす
ボー ボー ボ ボ		ほかの船の左側を追いこす

マストにある汽笛を鳴らすための船のホーン

6巻さくいん

NDC
030

監修　太田幸夫

改訂版　NEWマーク・記号の大百科 全6巻
⑥環境や福祉、防災

学研プラス　2020　48P　26.5cm
ISBN978-4-05-501319-2　C8301

監　　　修　太田幸夫
イ ラ ス ト　タカダカズヤ、渡辺潔、遠野冬子
写　　　真　金子写真事務所、小板直樹
表 紙 画 像　公益財団法人日本障害者リハビリテーション協会、一般社団法人全日本難
　　　　　　聴者・中途失聴者団体連合、公益財団法人日本環境協会、公益社団法人食
　　　　　　品容器環境美化協会、東京都福祉保健局、一般財団法人日本救急医療財団、
　　　　　　一般社団法人日本玩具協会、特定非営利活動法人児童虐待防止全国ネット
　　　　　　ワーク、紙製容器包装リサイクル推進協議会、国土交通省、厚生労働省、
　　　　　　公益財団法人古紙再生促進センター、JIS Z8210 5-1-5、JIS Z8210 6-1-
　　　　　　2、JIS Z8210 6-1-3、JIS Z8210 6-1-4、JIS Z8210 5-4-10、JIS Z8210
　　　　　　6-1-1、JIS Z8210 5-1-40、JIS Z8210 JA-3-1、JIS Z8210 6-2-14、JIS
　　　　　　Z8210 6-2-9、JIS Z8210 6-2-10、JIS Z8210 JA-4-1、JIS Z8210 6-1-
　　　　　　8、JIS Z8210 6-3-1、JIS Z8210 5-1-5、JIS Z8210 6-1-7
装　　　丁　辻中浩一・小池万友美（ウフ）
本文デザイン　isotope
編 集 協 力　大悠社
文　　　　　大悠社（大島善徳　西田哲郎）

改訂版　NEWマーク・記号の大百科 全6巻
⑥環境や福祉、防災

2020年 2 月18日　第 1 刷発行
2022年 4 月 1 日　第 3 刷発行

発行人　代田雪絵
編集人　吉野敏弘
企画編集　澄田典子　冨山由夏
発行所　株式会社 学研プラス
　　　　〒141-8415 東京都品川区西五反田 2-11-8
印刷所　凸版印刷株式会社

この本に関する各種お問い合わせ先
●本の内容については、下記サイトのお問い合わせフォームよりお願いします。
　https://gakken-plus.co.jp/contact/
●在庫については　Tel 03-6431-1197 （販売部）
●不良品（落丁、乱丁）については　Tel 0570-000577
　学研業務センター　〒354-0045 埼玉県入間郡三芳町上富279-1
●上記以外のお問い合わせ　Tel 0570-056-710 （学研グループ総合案内）

◆監修　太田幸夫（おおたゆきお）
グラフィックデザイナー。多摩美術大学教授、日本サイン
学会会長、NPO法人サインセンター理事長を経て太田幸
夫デザインアソシエーツ代表、一般財団法人国際ユニバー
サルデザイン協議会評議員。非常口サインを世界標準の図
記号にするなど、ピクトグラムデザインにおいて国の内外
で活躍。
おもな著書に、『ピクトグラム［絵文字］デザイン』（柏書
房）、『ピクトグラムのおはなし』（日本規格協会）、『記号学大
事典』（共著／柏書房）、『サイン・コミュニケーション』（共編
著／柏書房）、『世界のマーク-由来や意味が分かる343点』
（監修／主婦の友社）、『マーク・記号の大百科』全6巻（監修
／学研）、『決定版 まるわかり記号の大事典』（監修／くもん
出版）などがある。

参 考 文 献
『ピクトグラム［絵文字］デザイン』太田幸夫／著（柏書房）
『記号学大事典』坂本百大・川野洋・磯谷孝・太田幸夫／編集（柏書房）
『マーク・記号の大百科』太田幸夫／監修（学研）
『記号の図鑑』全5巻 江川清　太田幸夫／編著（あかね書房）
『決定版 まるわかり記号の大事典』太田幸夫／監修（くもん出版）
『記号とマーク・クイズ図鑑』村越愛策／監修（あかね書房）
『記号の事典［セレクト版］第3版』江川清　青木隆　平田嘉男／編
（三省堂）
『しらべ図鑑マナペディア　マークと記号』村越愛策　監修（講談社）
『世界のサインとマーク』村越愛策／監修（世界文化社）
『もっと知りたい！図鑑　マーク・記号まるごと図鑑』村越愛策　児
山啓一／監修（ポプラ社）
『世界のマーク-由来や意味が分かる343点』太田幸夫／監修（主婦の
友社）
『よくわかる！　記号の図鑑』全5巻　木村浩／監修（あかね書房）
『平成27年版　河川六法』河川法研究会／編著（大成出版社）
『ほじょ犬もっと知ってBOOK』（厚生労働省）

※本書は、『NEWマーク・記号の大百科』（2016年刊）を改訂したもの
です。

特別堅牢製本図書

改訂版 NEW マーク・記号の大百科